AF279045

TROIS LETTRES

A MONSIEUR

LE COMTE DE BISMARK

PREMIER MINISTRE DE PRUSSE

PAR

LE COMTE DE PIESSAC.

<table>
<tr><td>

PARIS

E. DENTU, LIBRAIRE-ÉDITEUR,

PALAIS-ROYAL,

Galerie d'Orléans, 17 et 19.

</td><td>

STRASBOURG

DÉRIVEAU, LIBRAIRE,

RUE DES HALLEBARDES, 29.

</td></tr>
</table>

1867.

TROIS LETTRES

A MONSIEUR LE COMTE DE BISMARK

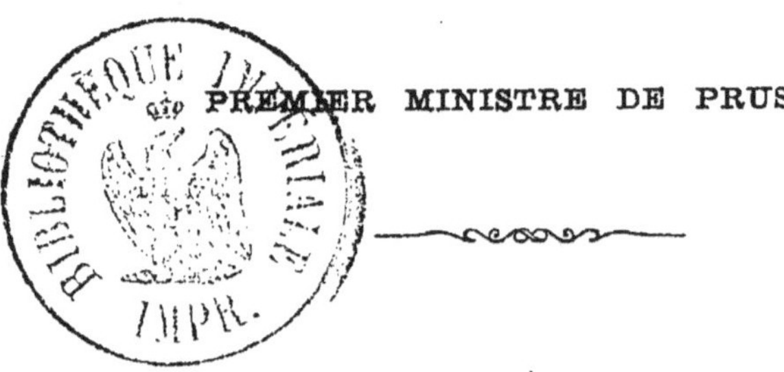

PREMIER MINISTRE DE PRUSSE.

PREMIÈRE LETTRE.

Strasbourg, le 29 septembre 1867.

A Son Excellence le Comte de Bismark, président du Conseil du roi de Prusse.

MONSIEUR LE COMTE,

Monseigneur l'évêque d'Orléans vient d'adresser à Son Excellence le commandeur Rattazzi, président du Conseil du roi d'Italie, une lettre reproduite dans plusieurs journaux; elle commence ainsi :

«Monsieur le commandeur,

«Vous serez peut-être surpris que je place votre nom en tête de cette lettre ; vous vous l'expliquerez si vous voulez bien me lire jusqu'au bout.»

Si vous daignez m'accorder la même faveur, votre surprise cessera, et vous en aurez bien͏ compris, sinon excusé les motifs qui m'ont poussé à m'adresser directement au premier ministre, au grand-chancelier du futur empire de toutes les contrées parlant soit l'allemand, soit un patois soi-disant tudesque.

C'est bien entendu, Monsieur le comte, que grâce à vos trois moyens favoris: le *fer*, le *sang* et le *feu*... plus une demi-douzaine de *Sadowa*, vous gagnerez indubitablement, bientôt, sur les armées autrichienne et française,... réunies ou séparées...

La Lorraine et l'Alsace ne peuvent immanquablement, en 1869, ne pas faire, d'après vos calculs, partie intégrante de votre immense empire de toutes les Allemagnes, Nord, Sud, Ouest et Est...

Surtout si nous prenons au sérieux, et comme écrites sous votre inspiration, ces insolences prussiennes que contenait dernièrement un journal d'outre-Rhin :

«Il faut espérer que le gouvernement prussien, comme aussi le Reichstag, donnera une bonne leçon à l'impudence française et fera comprendre au gouvernement français que la mesure de notre patience est comblée... Nous ferons descendre la France, s'il le faut, au rang de troisième puissance de l'Europe... et si la France nous oblige à la guerre, nous écrirons, avec une plume teinte de sang, sur tous les drapeaux de l'Allemagne : L'ALSACE ET LA LORRAINE !»

Votre Excellence, pour connaître ses futurs sujets, ne manque pas de lire attentivement les feuilles officielles et autres de ces deux importantes provinces.

Les réflexions de leurs journaux déplairaient à Votre Excellence et l'éclaireraient... si vous pouviez jamais croire... à la liberté de la presse...

Vos nombreux espions, hommes, femmes, militaires en bourgeois, qui ne cessent en ce moment de les parcourir, vous devraient... la vérité... pour votre argent.

Mais, suivant le vieux proverbe : que toute vérité n'est pas bonne à dire,...

Ils vous trompent pour vos thalers.

Permettez-moi donc, Monsieur le Comte, d'attirer votre attention, gratuitement, avec la plus entière sincérité, en toute naïveté, sur la véritable appréciation de la personnalité de Votre Excellence, de ses actes passés, présents, de ses projets futurs, que l'on en fait en France en général et plus particulièrement en Lorraine et en Alsace.

Si je ne réussis pas à vous intéresser, peut-être arriverai-je à vous faire réfléchir, et en tout cas, à modifier des renseignements, certainement erronés, qui pourraient égarer votre conscience et mettre en défaut votre perspicacité bien reconnue.

La femme d'un ambassadeur étranger, dans un de ces moments d'abandon, si fréquents en diplomatie, a prononcé, il y a peu de temps, cette phrase devenue célèbre :

«Nous autres, quand nous sommes en France, nous nous croyons dans un cabaret !...»

Vous seriez peut-être, Monsieur le Comte, tenté de lui donner la réplique, en ajoutant :

«Quand nous posséderons l'Alsace, nous nous croirons dans une vaste brasserie !...»

En attendant cette nouvelle annexion de la part de Votre Excellence, savez-vous ce que j'en ai entendu dire dans une brasserie alsacienne ?

Aucun de vos fidèles n'oserait vous le rapporter ;... je vous en ferai donc la confidence :

Un soir, deux Alsaciens, chopinant,... politiquaient...

Tout à coup j'entendis l'un dire à l'autre: «En un mot, «veux-tu savoir mon opinion sur tous les deux ?

«Le général Garibaldi est le Bismark de l'Italie, et le «comte de Bismark le Garibaldi de l'Allemagne.

«Deux grands noms !...

«L'un, sous sa chemise rouge, une étonnante et «illustre nullité...

«L'autre, sous sa cuirasse, un grand et vaste génie, «mais esclave d'une ambition sans limites !

«L'un sous son bonnet rouge, l'autre sous son casque, «sont deux cerveaux... dévorés... par un incommensurable «orgueil !

«Tous deux arriveront à leurs fins, et avant peu, aux «buts diamétralement opposés qu'ils se sont constamment «proposés.

«Le général Garibaldi perdra Victor-Emmanuel, et la
«dynastie de Savoie, qu'il prétend, dit-il, soutenir, ainsi
«que l'unité de l'Italie, qu'il croit fonder un jour, à Rome,
«sur les ruines du Vatican !

«*L'homme propose, Dieu dispose !*

«Le comte de Bismark sera cause de la chute du roi
«de Prusse et de la dynastie des Hohenzollern, pour avoir
«voulu en faire un impossible empereur d'un empire
«impossible ;...

«Ses tentatives infructueuses entraîneront, dans un
«prochain avenir et irrévocablement, le morcellement de la
«Prusse actuelle...

«Tous deux, par orgueil et par entêtement, couvriront,
«l'un l'Italie et l'autre l'Allemagne, de fer, de feu, de sang,
«de ruines, bouleverseront fatalement l'Europe, sans réussir
«ni l'un ni l'autre dans leur dessein suprême.

«Seulement, ils auront atteint le but unique, le secret
«mobile de tous leurs actes: celui de transmettre infaillible-
«ment leurs deux noms à la postérité.

«Mais celle-ci se chargera, par un juste retour, d'apprécier
«avec justice leur triste célébrité.

«Il est vrai qu'après leur mort, et en ayant fait
«l'autopsie, les aliénistes en renom conclueront probable-
«ment à l'admission de circonstances atténuantes.»

L'étrangeté de cette double comparaison, la sévérité des
conclusions, autant que l'air d'une profonde conviction de
celui qui venait de les exprimer, fit naître en moi le désir
d'avoir avec lui un tête-à-tête, une conversation, où tous
les motifs qui les dictaient me fussent longuement expli-
qués...

Je lui en fis franchement la demande.

«La soirée est belle, sortons, me répondit-il, nous cause-
rons en nous promenant.»

Je l'ai attentivement écouté.

La logique et la profondeur des remarques de c t
de l'Alsace m'ont laissé sous l'impression que,
parfois un peu rudes, elles ne manquer
de vérité. Votre Excellence les exc

directement de France et d'Alsace, d'un cabaret et d'une brasserie.

Craignant, Monsieur le Comte, d'abuser de vos précieux moments, je me résumerai aussi brièvement que possible dans une seconde et troisième lettre que j'aurai l'honneur de lui adresser.

Que Votre Excellence daigne agréer, etc.

DEUXIÈME LETTRE.

«Les victoires de la Prusse entraîneront sa perte.»

Dans ma première lettre, Monsieur le Comte, j'ai eu l'honneur de faire remarquer à Votre Excellence que vous et le général Garibaldi, vous perdrez tous deux, dans un avenir prochain, fatalement et inévitablement, les deux rois, les deux dynasties, les deux pays que vous prétendez servir et agrandir par l'annexion de nouvelles provinces, de nouveaux Etats.

Dans cette seconde, je vous démontrerai que les victoires de la Prusse entraîneront sa perte.

Dans une troisième et dernière lettre, que la Prusse, vaincue, sera morcellée, son nom effacé du cadre des nations.

Vos infaillibles victoires sur les Français, avec leurs alliés ou sans leurs alliés, étant provisoirement admises!...

Qu'en résultera-t-il?...

Que les millions de la Prusse entraînent Garibaldi, ses chemises rouges et toute l'Italie dans une guerre désastreuse pour la France et pour l'Autriche.

Tout est possible.... mais après?

Le général Garibaldi ira à Rome, avec le concours de Mazzini, des chemises rouges, des sectaires et des régiments de Victor-Emmanuel, qui, comme ceux d'Alexandrie, crieront : Vive Garibaldi! vive la république!...

Le roi *disparaîtra*.... la dynastie de Savoie déclarée à jamais déchue; la république italienne avec Rome capitale proclamée....

La France jouée, battue et mécontente.... mais ensuite?

Le monde catholique consterné, mais non résigné, priant et attendant ?

Pendant ce temps-là, en Allemagne, Monsieur le Comte, grâce à vous, S. M. le roi de Prusse se sacrera lui-même empereur de toutes les Allemagnes, dans sa bonne ville de Berlin, qu'il proclamera capitale de tous ses vastes Etats.... Rien de mieux !

Vous serez, à juste titre, le grand-chancelier, le factotum, le maire du Palais absolu et omnipotent, de ce nouvel empire augmenté de la Lorraine, de l'Alsace et des provinces allemandes de l'Autriche....

L'Autriche et la France, vaincues et dépouillées.... la première réduite au rang de puissance de cinquième classe, la seconde descendue à n'être plus qu'une puissance de troisième ordre.... toutes deux abattues.... ou paraissant l'être....

Votre Excellence pensera alors avoir atteint, et au delà, l'accomplissement inespéré des rêves de toute sa vie.... politique....

Vous vous apprêterez à jouir, insolemment, de vos triomphes.... à dormir tranquille sur des lauriers si splendidement conquis !

Mais subitement secoué, terrible sera votre réveil.

La même secousse agitera le dictateur romain et la république italienne....

Vos succès communs seront arrêtés court par les deux puissances les plus opposées l'une à l'autre, dans ce monde ;... les deux seules avec lesquelles vous ne pensiez pas avoir à compter.... DIEU ET SATAN.

Dieu et Satan.... le diable en personne, à qui quelquefois Dieu permet, pour punir les crimes et l'incrédulité des nations, de disposer des couronnes, des peuples et des empires, en faveur de qui veut consentir à reconnaître et adorer.... le prince de ce monde !...

Vous riez, Monsieur le Comte, riez tout à votre aise.

Mais laissez-moi m'expliquer en deux mots :

Le Dieu du Calvaire, de Saint-Pierre et de Pie IX, le Christ dont la parole a promis, jusqu'à la consommation des siècles, son assistance à son Eglise, à son représentant sur la terre, pour le diriger, au successeur de Pierre, au Pontife-Roi de Rome ;

DIRA : ASSEZ !

Garibaldi, Mazzini, Victor-Emmanuel, la dynastie de Savoie, l'unité italienne et la république ,... tout aura disparu comme la fumée qu'emporte le vent aux quatre coins du monde....

Le Pontife-Roi sera rentré à Rome.

Les nations épouvantées de leurs châtiments et de leurs ruines, confesseront, de nouveau, la divinité du Christ, de sa parole et de son Evangile....

Quant à Satan, avec la permission de Dieu, qui l'a précipité dans l'abîme, il en peut parfois sortir.... Il se chargera de régler ses comptes avec Votre Excellence, qui aura été, sans le vouloir peut-être, entre ses mains sataniques, un instrument si utile et si indispensable pour la ruine de la royauté, de la dynastic des Hohenzollern et de la Prusse.

Vous êtes, Monsieur le Comte, trop homme d'Etat, vous connaissez trop l'influence des moyens occultes, le prix des consciences et le concours d'un certain journalisme, d'une certaine classe de bureaucrates et de fonctionnàires élevés....

Vous avez une note trop exacte des antres ténébreux où a été professée la doctrine qui vous a procuré la victoire de Sadowa, facilité l'invasion de la Saxe et de l'Allemagne, pour ne pas me comprendre à demi-mot.

L'Allemagne, l'Autriche, l'Italie, l'Europe comme l'Amérique sont couvertes, vous ne pouvez le nier, de sociétés secrètes qui, sous différents noms, sous des prétextes variés, obéissent toutes à un chef unique.

Ce chef inconnu, invisible, suprême, consent à adorer Satan, le prince de ce monde, à travailler avec ses innombrables sectaires à la venue de son règne, celui de l'Anté-Christ,... à le reconnaître, lui, souverain absolu de ses illuminés ; il devient ainsi le très-humble vassal du prince des ténèbres, à la condition qu'il mette un jour lui ou ses successeurs à la tête des royaumes et des empires....

Les sectaires de l'univers entier doivent à ce chef invisible, que l'immense majorité ne connaîtra jamais, tous une obéissance absolue passive et complétement aveugle.

Leur but final, vous le connaissez, Monsieur le Comte : EST D'ARRIVER A UNE RÉPUBLIQUE UNIVERSELLE.

Leur mot d'ordre :

1° Déchristianiser le monde ;

2° Arriver avant tout à la destruction de la papauté ;

3° Ridiculiser et bannir les évêques et les prêtres catholiques ;

4° Annihiler les ministres des autres religions, au moyen de prétendues religions d'Etat, auxquelles ne devront pas même croire ceux qui seront chargés de les prêcher !...

5° Pour les fallacieux prétextes de nationalités, d'unité de races, d'annexions...., supprimer, s'il le faut, les petits souverains d'Europe et d'Asie ;

6° Amener les deux Amériques à ne former qu'une république sous un seul président ;

7° Réduire en Europe les empires, les royaumes, les petits Etats, à se fusionner et à être annexés, afin qu'il ne reste plus que deux ou trois grands potentats ; pour n'avoir, à un moment donné, que deux ou trois trônes à renverser....

Pour arriver au but final : la république universelle, et faire proclamer pour président *leur étoile polaire*, leur chef suprême, invisible et inconnu jusque-là, excepté des *quatre points cardinaux*, c'est-à-dire des quatre illuminés les plus élevés en grade après lui, qui seuls le connaissaient et communiquaient ses ordres à tous ses nombreux sectaires !...

Ces quatre hauts dignitaires composeront de droit son ministère et son conseil, distribueront les charges, les honneurs, les richesses, selon les grades antérieurement acquis, à tous les frères et amis qui auront contribué à faire réussir la révolution cosmopolite ; à précipiter l'avénement de cette république d'esclaves, qu'ils exploiteront à leur unique et exclusif profit, avec un despotisme inconnu des siècles passés. Alors plus d'énigme, plus de mystères, d'épreuves d'initiations : la lumière sera faite sur le monde.

Leurs moyens :

Pour atteindre plus sûrement et plus promptement à leurs fins,

L'*Etoile polaire*, quoiqu'invisible, doit servir seule de

boussole pour les mots d'ordre à donner dans les deux hémisphères.

L'Italie, la Belgique, le grand-duché de Bade, en première ligne, la Bavière, l'Allemagne du Sud et du Nord, fournissent depuis longtemps la preuve évidente, résultante et probante, des moyens que les sectiares ont ordre d'employer.

Les initiés doivent se pousser mutuellement dans les meilleurs emplois de leurs gouvernements respectifs, de manière à les remplir tous, petit à petit, et exclusivement par eux seuls.

- Ils ont ordre d'en faire écarter les profanes, les catholiques, à tout prix, vous devez le reconnaître, Monsieur le comte, ils ne s'en acquittent pas mal en Prusse, en Russie, en Italie, en Belgique..... c'est une justice à leur rendre.

Ils ont à déployer le plus grand zèle pour accaparer exclusivement l'oreille de leur souverain, dont ils flatteront tous les vices et à qui ils en feraient contracter, si par hasard ils en manquaient, afin par là de les dominer, de distribuer en leurs noms, aux frères et amis, tous les honneurs, décorations, récompenses et emplois.

Pour y parvenir, ils doivent de préférence chercher à se caser dans les ambassades, les ministères, la magistrature, l'administration, la bureaucratie, les finances, la guerre et la police; de sorte qu'ils puissent, toujours et partout, se protéger mutuellement envers et contre tous ;... entourer les rois de complots et de trahisons :... jusqu'à ce qu'enfin ils amènent la chute des princes... assez... simples... pour les employer...

L'ex-roi de Naples, et les autres souverains d'Italie et d'Allemagne, en savent quelque chose... Garibaldi et vous aussi, Monsieur le comte, sans oublier les souverains de Saxe et de Hanovre.

Les adeptes les plus avancés sont obligés, par les plus terribles serments, de divulguer à leurs chefs tous les secrets qu'ils auront pu surprendre.

En attendant qu'ils obtiennent un résultat général dans toute l'Europe, la Russie et la Turquie comprises.

Voilà les auxiliaires, les fidèles alliés, dont Votre Excellen a dû et doit encore se servir, pour la réussite entière de ses vastes projets.

Mais une fois qu'ils vous auront aidé à les atteindre, parce qu'ils rentrent jusqu'à un certain point et pour un moment dans leur plan général à eux,... que feront-ils ensuite ?

De même que les Italiens usent de Garibaldi, les Allemands du Nord et du Sud, poussés par les sectaires, useront de Votre Excellence, et de la Prusse, pour arriver à l'unité de l'Allemagne.

Mais comme, en définitive, ces bons Allemands, du Nord et du Sud, ne veulent au fond, et à aucun prix, de Sa Majesé prussienne pour empereur d'Allemagne ;... qu'ils ne veulent ni être, ni s'appeler Prussiens, et encore moins reconnaître Berlin pour capitale de l'Allemagne !...

Les Allemands, par une révolution aussi subite qu'irrésistible, préparée dans l'ombre, par les mêmes sectaires qui vous ont jusqu'ici vendu leurs princes et leurs pays,... renverseront Votre Excellence et la dynastie des Hohenzollern,... proclameront la République dans toute l'Allemagne,... avec Francfort pour capitale !...

Voilà où vos victoires conduiront infailliblement la Prusse.

Maintenant, admettons, Monsieur le comte, que le sort des batailles soit défavorable à la Prusse, ce qui après tout est aussi possible que le contraire, quelles seront les conséquences de ses défaites ?...

C'est ce que j'aurai l'honneur de soumettre, dans une troisième et dernière lettre, à l'appréciation de Votre Excellence.

Jusque-là, qu'elle daigne agréer, etc.

TROISIÈME LETTRE.

> La Prusse vaincue, sera morcelée; son nom
> sera rayé du cadre des nations.

Toute médaille a son revers, Monsieur le comte. Je vous ai accordé précédemment la possibilité, pour la Prusse, de gagner plusieurs *Sadowa* sur l'Autriche et la France, séparément ou réunies...

Mais l'avenir est inconnu à Votre Excellence, et pour moi il est un livre fermé.

Dieu, qui s'appelle lui-même, dans les Écritures sacrées, le Dieu des armées, Dieu, qui accorde la victoire à qui il lui plaît, réserve pour lui seul le secret des nations, qui feront pencher en leur faveur sa miséricorde et son secours, sur les champs de batailles.

Il serait inutile de se le dissimuler, si la France de 1868 sortait triomphante de la lutte, elle ne commettrait plus la faute de la France du premier Empire...

Elle devra, dans l'avenir, pour sa propre sécurité, supprimer sans rémission la dynastie des Hohenzollern et de la maison régnante de Bade.

Le grand-duché de Bade sera, pour la plus grande partie, réuni à la Bavière, le reste cédé au Wurtemberg.

La Prusse actuelle morcelée, ses lambeaux seront rendus aux puissances allemandes voisines qui les possédaient naguère; le reste leur sera annexé, comme compensation de ce qu'ils ont eu à souffrir antérieurement.

L'Autriche, la Saxe, le Hanovre, dont la dynastie sera rétablie, ne s'en plaindront point.

S. M. l'empereur d'Autriche et roi de Hongrie, etc., sera proclamé empereur d'Allemagne.

Les divers peuples, placés sous le sceptre de la maison de Habsbourg, feront partie intégrante de la nouvelle Confédération, dont le siége du gouvernement sera rendu à Francfort.

Les parties de la Pologne actuellement prussiennes et autrichiennes seront érigées en grand-duché, sous un archiduc d'Autriche; son territoire fera partie intégrante du nouvel empire germanique.

Berlin, avec quatre lieues de terrains tout à l'entour de son enceinte, formera une ville et un Etat libre, avec un gouvernement pareil à celui de Francfort avant son annexion à la Prusse.,. et comme autrefois Francfort, elle sera gardée par une garnison de troupes fédérales...

Prévenus avant le commencement des hostilités, par un manifeste de S. M. l'empereur d'Autriche, dans lequel il fera connaître ses intentions envers l'Allemagne et la Prusse, en cas de victoires des alliés, le Hanovre, la Saxe, le Nord et le Sud de l'Allemagne, attendront impassibles, Bade excepté, le résultat de la lutte; ces peuples feront des vœux secrets pour l'abaissement de la Prusse et son humiliation.

L'Allemagne, pacifiée, tranquillisée, restaurée et agrandie, unifiée, sans perdre l'autonomie de ses divers peuples, sans craindre pour l'avenir un dualisme et une rivalité qui lui ont causé, dans un passé récent, tant de déceptions et de calamités, sera satisfaite pour longtemps, calme et heureuse, sous ses généreux souverains; surtout si elle peut parvenir à supprimer chez elle les sociétés secrètes qui travaillent à sa perte.

Monsieur le baron de Beust, ancien premier ministre de Saxe, passé grâce à vous, Monsieur le Comte, premier ministre d'Autriche, sera, à son tour, infailliblement nommé grand-chancelier de la nouvelle Confédération germanique.

Si pendant la grande bataille, qui décidera du sort de la Prusse, Votre Excellence offre un troisième cigare au général de Moltke, qu'il soit cette fois-ci entièrement consumé, avant que la victoire ne se déclare pour les aigles prussiennes;

que vous ne vous brûliez pas la cervelle, ce serait pour les phrénologistes une irréparable perte.

Exilé à votre tour, vous vous consolerez, dans une Caprera quelconque, en écrivant un mémorial.

Comme écrivain et comme historien, vous ajouterez à un nom déjà illustre de nouveaux titres pour la postérité, tout en méditant sur la vanité des grandeurs humaines et sur les revers que ménage l'inconstante fortune.

Mais en lisant les lignes qui précèdent, Votre Excellence se sera peut-être fait cette réponse à elle-même :

Soit, le premier Empire a remporté, il est vrai, bien des victoires, mais la Prusse, malgré tout, n'a pas été supprimée, et après avoir perdu Iéna, elle a gagné Waterloo, et fait proscrire à perpétuité la dynastie des Bonaparte... qui sont cependant revenus...

Si nous sommes vainqueurs cette fois-ci, c'est à jamais fini pour cette famille,... avec ou sans abdication.....

Napoléon Ier, je l'avoue, Monsieur le Comte, a abdiqué trop tard en faveur de Napoléon II.

S. M. Charles X trop tard en faveur du duc de Bordeaux.

Le roi Louis-Philippe trop tard en faveur du comte de Paris.

Mais trois exemples consécutifs n'impliquent pas rigoureusement qu'il soient suivis nécessairement d'un quatrième.

Admettons, par impossible, ceci, supposition tout à fait personnelle et improbable ; mais enfin, l'absurde est quelquefois possible, admettons, je le répète :

Que S. M. l'empereur Napoléon III, averti par l'exemple du passé, se méfiant, en cas de revers, à tort ou à raison, du mot *trop tard*... et de ses conséquences... tout en comptant avec justice sur des victoires, se décide cependant, avant de se mettre à la tête de ses armées... à abdiquer en faveur de Napoléon IV, à faire entrer immédiatement en fonctions le conseil de régence ; voulant, du reste, par cette sage et prudente mesure, éviter les secousses presque inévitables à la mort d'un souverain et au commencement d'un nouveau règne ;... désireux, du reste, d'assister de son vivant aux premières années du gouvernement de son fils, et de les diriger encore de ses prudents conseils... du fond de sa retraite.....

Cela dérangerait peut-être une partie des projets de Votre Excellence?... et de bien d'autres... si certaines éventualités prévues venaient malheureusement à se réaliser?...

Qui sait?.....

.   .   .   .

La situation est grave, tendue, un choc prochain est inévitable, il est inutile de le dissimuler, tout le monde en convient, en Allemagne, en France, en Autriche, en Lorraine et en Alsace.

Tous le pensent et tous le disent : *Il faut en finir !*

La Prusse, l'Autriche et la France sont à la veille d'une lutte suprême, d'un duel à mort.

Après beaucoup de fautes, que nous reconnaissons, M. Thiers l'a dit : nous n'en avons plus une seule à commettre.....

Cette faute irréparable, en cas de victoires, serait de ne pas supprimer la Prusse.

La France ne la commettra pas !

Alea jacta est, les événements se précipitent... En les attendant, je prie Dieu, Monsieur le Comte, que sur les champs de bataille il vous ait personnellement en sa sainte et digne garde ; mais qu'il protége la France.

Que Votre Excellence daigne agréer.